M000085947

PROMESAS PARA
COMENZAR BIEN EL DÍA

❖

Para MUJERES

PROMESAS PARA
COMENZAR BIEN EL DÍA

❖

Para MUJERES

compilado por LARRY RICHARDS

*La misión de Editorial Vida es ser la compañía líder en satisfacer
las necesidades de las personas con recursos cuyo contenido
glorifique al Señor Jesucristo y promueva principios bíblicos.*

PROMESAS PARA COMENZAR BIEN EL DÍA - PARA MUJERES
Edición en español publicada por
Editorial Vida – 2013
Miami, Florida

Este título también está disponible en formato electrónico.

Originally published in the USA under the title:
  DayBreak Verses for Women
  Copyright © 2012 by Zondervan
Published by permission of Zondervan, Grand Rapids,
Michigan 49530

Editora en Jefe: *Graciela Lelli*
Edición: *Madeline Díaz*
Adaptación del diseño al español: *ThePixelStorm*

A menos que se indique lo contrario, todos los textos bíblicos han
sido tomados de la Nueva Versión Internacional® NVI® © 1999 por
la Sociedad Bíblica Internacional. Usada con permiso.

Citas bíblicas marcadas «ntv» son de la Santa Biblia, Nueva
Traducción Viviente, © Tyndale House Foundation, 2010. Usadas
con permiso de Tyndale House Publishers, Inc., 351 Executive Dr.,
Carol Stream, IL 60188, Estados Unidos de América. Todos los
derechos reservados.

Diseño de portada: *Jamie DeBruyn*
Fotografía de portada: *istockphoto*

ISBN: 978-0-8297-6415-4

CATEGORÍA: Vida cristiana / Inspiración

IMPRESO EN ESTADOS UNIDOS DE AMÉRICA
PRINTED IN THE UNITED STATES OF AMERICA

13 14 15 16 17 ❖ 6 5 4 3 2 1

*Eres una persona especial.
Dios te ama y tienes un papel
importante en su plan.
Este pequeño libro te ayudará a
comprender la maravilla de tu
identidad como mujer de Dios
y te mostrará la forma de
encontrar la plenitud con tu
esposo, tu familia, tu iglesia,
el mundo y tu vida interior.*

CONTENIDO

TERCERA PARTE
MI VIDA INTERIOR COMO
UNA MUJER CRISTIANA

INTRODUCCIÓN

¿Qué significa ser una mujer cristiana? En primer lugar, significa aprender a verte a ti misma como Dios te ve: como una persona amada e importante. En segundo lugar, significa entender el maravilloso papel que Dios tiene para ti en su plan. Puedes descubrir en qué consiste esta función mientras desarrollas tus relaciones más significativas con la guía de la Palabra de Dios y fortalecida por sus promesas. Y tal cosa implica edificar tu propia vida interior, desarrollando tu potencial como cristiana.

Este libro cuenta con tres secciones. En cada una de ellas, una serie de temas relacionan versículos de la Palabra de Dios que te brindarán dirección, perspectiva y fortaleza para ayudarte a ser todo lo que Dios tiene la intención que seas como su hija.

La primera sección, «Mi identidad como una mujer cristiana», presenta evidencia de que en verdad eres importante para Dios y tienes una tarea significativa en su reino.

«Mis relaciones como una mujer cristiana» analiza de cerca tus relaciones con tu esposo, tu familia, tu iglesia y el mundo. Los versículos de las Escrituras describen el ideal de Dios y ofrecen reflexiones sobre cómo puedes vivir como cristiana para alcanzar ese ideal.

«Mi vida interior como una mujer cristiana» se enfoca en profundizar tu relación personal con Dios y encontrar su ayuda para enfrentar desafíos especiales y muy personales. Se examinan temas que incluyen cómo comprender al máximo las Escrituras, vivir la vida de soltera y vencer las tentaciones.

Mientras lees estos versículos y meditas en ellos, encontrarás una fuente de dirección, ya que Dios nos guía por medio de su Palabra a vivir una vida productiva y significativa. Encontrarás además una fuente de fortaleza, porque ellos constituyen también promesas de Dios que te reafirman que el Señor está comprometido a ayudarte a convertirte en la mujer cristiana que anhelas ser.

PRIMERA PARTE

MI IDENTIDAD COMO
UNA MUJER CRISTIANA

Cuando te conviertes en cristiana, entablas una relación personal con Dios. Por medio de esta relación puedes descubrir tu identidad y significado verdaderos. Dios quiere que cimientes tu confianza con respecto a tu valor y significación en su afirmación de que eres vitalmente importante... ¡para él!

CREADA A LA IMAGEN DE DIOS

GÉNESIS 1.27–28

Dios creó al ser humano a su imagen; lo creó a imagen de Dios. Hombre y mujer los creó, y los bendijo con estas palabras: «Sean fructíferos y multiplíquense; llenen la tierra y sométanla ».

SALMOS 8.4–6

«¿Qué es el hombre, para que en él pienses? ¿Qué es el ser humano, para que lo tomes en cuenta?» Pues lo hiciste poco menos que un dios, y lo coronaste de gloria y de honra: lo entronizaste sobre la obra de tus manos, todo lo sometiste a su dominio.

SALMOS 100.3

Reconozcan que el SEÑOR es Dios; él nos hizo, y somos suyos. Somos su pueblo, ovejas de su prado.

SALMOS 119.73–74

Con tus manos me creaste, me diste forma. Dame entendimiento para aprender tus mandamientos. Los que te honran se regocijan al verme, porque he puesto mi esperanza en tu palabra.

SALMOS 139.13–16

Tú creaste mis entrañas; me formaste en el vientre de mi madre. ¡Te alabo porque soy una creación admirable! ¡Tus obras son maravillosas, y esto lo sé muy bien! Mis huesos no te fueron desconocidos cuando en lo más recóndito era yo formado, cuando en lo más profundo de la tierra era yo entretejido. Tus ojos vieron mi cuerpo en gestación: todo estaba ya escrito en tu libro; todos mis días se estaban diseñando, aunque no existía uno solo de ellos.

LEVÍTICO 19.2

«Sean santos, porque yo, el SEÑOR su Dios, soy santo».

SALVADA POR MEDIO ___DEL SACRIFICIO DE CRISTO___

EFESIOS 2.4–5

Pero Dios, que es rico en misericordia, por su gran amor por nosotros, nos dio vida con Cristo, aun cuando estábamos muertos en pecados. ¡Por gracia ustedes han sido salvados!

GÁLATAS 2.20

He sido crucificado con Cristo, y ya no vivo yo sino que Cristo vive en mí. Lo que ahora vivo en el cuerpo, lo vivo por la fe en el Hijo de Dios, quien me amó y dio su vida por mí.

ROMANOS 8.32

El que no escatimó ni a su propio Hijo, sino que lo entregó por todos nosotros, ¿cómo no habrá de darnos generosamente, junto con él, todas las cosas?

JUAN 3.16

Porque tanto amó Dios al mundo, que dio a su Hijo unigénito, para que todo el que cree en él no se pierda, sino que tenga vida eterna.

COLOSENSES 1.22

Pero ahora Dios, a fin de presentarlos santos, intachables e irreprochables delante de él, los ha reconciliado en el cuerpo mortal de Cristo mediante su muerte.

ROMANOS 8.35, 37–39

¿Quién nos apartará del amor de Cristo? ¿La tribulación, o la angustia, la persecución, el hambre, la indigencia, el peligro, o la violencia? [...] Sin embargo, en todo esto somos más que vencedores por medio de aquel que nos amó. Pues estoy convencido de que ni la muerte ni la vida, ni los ángeles ni los demonios, ni lo presente ni lo por venir, ni los poderes, ni lo alto ni lo profundo, ni cosa alguna en toda la creación, podrá apartarnos del amor que Dios nos ha manifestado en Cristo Jesús nuestro Señor.

__PARTE DE LA FAMILIA DE DIOS__

ROMANOS 8.16–17

El Espíritu mismo le asegura a nuestro espíritu que somos hijos de Dios. Y si somos hijos, somos herederos; herederos de Dios y coherederos con

Cristo, pues si ahora sufrimos con él, también tendremos parte con él en su gloria.

Isaías 49.15

«¿Puede una madre olvidar a su niño de pecho, y dejar de amar al hijo que ha dado a luz? Aun cuando ella lo olvidara, ¡yo no te olvidaré!».

Gálatas 3.26–28

Todos ustedes son hijos de Dios mediante la fe en Cristo Jesús, porque todos los que han sido bautizados en Cristo se han revestido de Cristo. Ya no hay judío ni griego, esclavo ni libre, hombre ni mujer, sino que todos ustedes son uno solo en Cristo Jesús.

Efesios 5.1–2

Por tanto, imiten a Dios, como hijos muy amados, y lleven una vida de amor, así como Cristo nos amó y se entregó por nosotros como ofrenda y sacrificio fragante para Dios.

1 Pedro 1.14–16

Como hijos obedientes, no se amolden a los malos deseos que tenían antes, cuando vivían en la ignorancia. Más bien, sean ustedes santos en todo lo que hagan, como también es santo quien los llamó; pues está escrito: «Sean santos, porque yo soy santo».

1 JUAN 3.9

Ninguno que haya nacido de Dios practica el pecado, porque la semilla de Dios permanece en él; no puede practicar el pecado, porque ha nacido de Dios.

EL ESPÍRITU DE DIOS HABITA EN MÍ

EZEQUIEL 36.26–27

«Les daré un nuevo corazón, y les infundiré un espíritu nuevo; les quitaré ese corazón de piedra que ahora tienen, y les pondré un corazón de carne. Infundiré mi Espíritu en ustedes, y haré que sigan mis preceptos y obedezcan mis leyes».

JUAN 14.16–17

Y yo le pediré al Padre, y él les dará otro Consolador para que los acompañe siempre: el Espíritu de verdad, a quien el mundo no puede aceptar porque no lo ve ni lo conoce. Pero ustedes sí lo conocen, porque vive con ustedes y estará en ustedes.

ROMANOS 8.26

Así mismo, en nuestra debilidad el Espíritu acude a ayudarnos. No sabemos qué pedir, pero el Espíritu mismo intercede por nosotros con gemidos que no pueden expresarse con palabras.

ROMANOS 8.11

Y si el Espíritu de aquel que levantó a Jesús de entre los muertos vive en ustedes, el mismo que levantó a Cristo de entre los muertos también dará vida a sus cuerpos mortales por medio de su Espíritu, que vive en ustedes.

GÁLATAS 5.16

Así que les digo: Vivan por el Espíritu, y no seguirán los deseos de la naturaleza pecaminosa.

ROMANOS 15.13

Que el Dios de la esperanza los llene de toda alegría y paz a ustedes que creen en él, para que rebosen de esperanza por el poder del Espíritu Santo.

1 CORINTIOS 2.12

Nosotros no hemos recibido el espíritu del mundo sino el Espíritu que procede de Dios, para que entendamos lo que por su gracia él nos ha concedido.

__DOTADA PARA SERVIR A OTROS__

1 CORINTIOS 12.4–7

Ahora bien, hay diversos dones, pero un mismo Espíritu. Hay diversas maneras de servir, pero un mismo Señor. Hay diversas funciones, pero es un mismo Dios el que hace todas las cosas en todos. A cada uno se le da una manifestación especial del Espíritu para el bien de los demás.

ROMANOS 12.4–6

Pues así como cada uno de nosotros tiene un solo cuerpo con muchos miembros, y no todos estos miembros desempeñan la misma función, también nosotros, siendo muchos, formamos un solo cuerpo en Cristo, y cada miembro está unido a todos los demás. Tenemos dones diferentes, según la gracia que se nos ha dado. Si el don de alguien es el de profecía, que lo use en proporción con su fe.

1 PEDRO 4.10–11

Cada uno ponga al servicio de los demás el don que haya recibido, administrando fielmente la gracia de Dios en sus diversas formas. El que habla, hágalo como quien expresa las palabras mismas de Dios; el que presta algún servicio, hágalo como quien tiene el poder de Dios. Así Dios será en todo alabado por medio de Jesucristo.

HECHOS 2.17–18

«"Sucederá que en los últimos días –dice Dios–, derramaré mi Espíritu sobre todo el género humano. Los hijos y las hijas de ustedes profetizarán, tendrán visiones los jóvenes y sueños los ancianos. En esos días derramaré mi Espíritu aun sobre mis siervos y mis siervas, y profetizarán"».

LLAMADA A SER
_____UNA DISCÍPULA_____

MATEO 16.24–25

Luego dijo Jesús a sus discípulos:

—Si alguien quiere ser mi discípulo, tiene que negarse a sí mismo, tomar su cruz y seguirme. Porque el que quiera salvar su vida, la perderá; pero el que pierda su vida por mi causa, la encontrará.

JUAN 8.31–32

Jesús se dirigió entonces a los judíos que habían creído en él, y les dijo:

—Si se mantienen fieles a mis enseñanzas, serán realmente mis discípulos; y conocerán la verdad, y la verdad los hará libres.

LUCAS 6.20–22

Él entonces dirigió la mirada a sus discípulos y dijo: «Dichosos ustedes los pobres, porque el reino de Dios les pertenece. Dichosos ustedes que ahora pasan hambre, porque serán saciados. Dichosos ustedes que ahora lloran, porque luego habrán de reír. Dichosos ustedes cuando los odien, cuando los discriminen, los insulten y los desprestigien por causa del Hijo del hombre».

SOFONÍAS 3.17

«El SEÑOR tu Dios está en medio de ti como guerrero victorioso. Se deleitará en ti con gozo, te renovará con su amor, se alegrará por ti con cantos como en los días de fiesta».

Juan 15.5, 7–8

«Yo soy la vid y ustedes son las ramas. El que permanece en mí, como yo en él, dará mucho fruto; separados de mí no pueden ustedes hacer nada [...] Si permanecen en mí y mis palabras permanecen en ustedes, pidan lo que quieran, y se les concederá. Mi Padre es glorificado cuando ustedes dan mucho fruto y muestran así que son mis discípulos».

___GUIADA A TRAVÉS DE LA VIDA___

Proverbios 3.5–6

Confía en el Señor de todo corazón, y no en tu propia inteligencia. Reconócelo en todos tus caminos, y él allanará tus sendas.

Éxodo 15.13

Por tu gran amor guías al pueblo que has rescatado; por tu fuerza los llevas a tu santa morada.

Salmos 143.10

Enséñame a hacer tu voluntad, porque tú eres mi Dios. Que tu buen Espíritu me guíe por un terreno sin obstáculos.

SALMOS 86.11–12

Instrúyeme, SEÑOR, en tu camino para conducirme con fidelidad. Dame integridad de corazón para temer tu nombre. Señor mi Dios, con todo el corazón te alabaré, y por siempre glorificaré tu nombre.

SALMOS 37.4

Deléitate en el SEÑOR, y él te concederá los deseos de tu corazón.

SALMOS 1.6

Porque el SEÑOR cuida el camino de los justos, mas la senda de los malos lleva a la perdición.

SALMOS 25.9

Él dirige en la justicia a los humildes, y les enseña su camino.

SALMOS 25.12

¿Quién es el hombre que teme al SEÑOR? Será instruido en el mejor de los caminos.

ISAÍAS 42.16

«Conduciré a los ciegos por caminos desconocidos, los guiaré por senderos inexplorados; ante ellos convertiré en luz las tinieblas, y allanaré los lugares escabrosos. Esto haré, y no los abandonaré».

RESGUARDADA POR EL PODER
_____DE DIOS_____

1 Pedro 1.3–5

¡Alabado sea Dios, Padre de nuestro Señor Jesucristo! Por su gran misericordia, nos ha hecho nacer de nuevo mediante la resurrección de Jesucristo, para que tengamos una esperanza viva y recibamos una herencia indestructible, incontaminada e inmarchitable. Tal herencia está reservada en el cielo para ustedes, a quienes el poder de Dios protege mediante la fe hasta que llegue la salvación que se ha de revelar en los últimos tiempos.

Isaías 46.4

«Aun en la vejez, cuando ya peinen canas, yo seré el mismo, yo los sostendré. Yo los hice, y cuidaré de ustedes; los sostendré y los libraré».

Judas 24

¡Al único Dios, nuestro Salvador, que puede guardarlos para que no caigan, y establecerlos sin tacha y con gran alegría ante su gloriosa presencia!

Deuteronomio 31.6

«Sean fuertes y valientes. No teman ni se asusten ante esas naciones, pues el Señor su Dios siempre los acompañará; nunca los dejará ni los abandonará».

SALMOS 91.1–2

El que habita al abrigo del Altísimo se acoge a la sombra del Todopoderoso. Yo le digo al SEÑOR: «Tú eres mi refugio, mi fortaleza, el Dios en quien confío».

SALMOS 86.2

Presérvame la vida, pues te soy fiel. Tú eres mi Dios, y en ti confío; ¡salva a tu siervo!

CADA VEZ MÁS SEMEJANTE A CRISTO

ROMANOS 8.29

Porque a los que Dios conoció de antemano, también los predestinó a ser transformados según la imagen de su Hijo, para que él sea el primogénito entre muchos hermanos.

COLOSENSES 3.5, 9–10

Por tanto, hagan morir todo lo que es propio de la naturaleza terrenal: inmoralidad sexual, impureza, bajas pasiones, malos deseos y avaricia, la cual es idolatría [...] Dejen de mentirse unos a otros, ahora que se han quitado el ropaje de la vieja naturaleza con sus vicios, y se han puesto el de la nueva naturaleza, que se va renovando en conocimiento a imagen de su Creador.

1 JUAN 3.2–3

Queridos hermanos, ahora somos hijos de Dios, pero todavía no se ha manifestado lo que habremos de ser. Sabemos, sin embargo, que cuando Cristo venga seremos semejantes a él, porque lo veremos tal como él es. Todo el que tiene esta esperanza en Cristo, se purifica a sí mismo, así como él es puro.

2 CORINTIOS 3.3

Es evidente que ustedes son una carta de Cristo, expedida por nosotros, escrita no con tinta sino con el Espíritu del Dios viviente; no en tablas de piedra sino en tablas de carne, en los corazones.

2 CORINTIOS 3.18

Así, todos nosotros, que con el rostro descubierto reflejamos como en un espejo la gloria del Señor, somos transformados a su semejanza con más y más gloria por la acción del Señor, que es el Espíritu.

1 PEDRO 4.1–2

Por tanto, ya que Cristo sufrió en el cuerpo, asuman también ustedes la misma actitud; porque el que ha sufrido en el cuerpo ha roto con el pecado, para vivir el resto de su vida terrenal no satisfaciendo sus pasiones humanas sino cumpliendo la voluntad de Dios.

DESTINADA A LA
GLORIA ETERNA

ISAÍAS 26.19

Pero tus muertos vivirán, sus cadáveres volverán a la vida. ¡Despierten y griten de alegría, moradores del polvo! Porque tu rocío es como el rocío de la mañana, y la tierra devolverá sus muertos.

1 CORINTIOS 15.42–44

Así sucederá también con la resurrección de los muertos. Lo que se siembra en corrupción, resucita en incorrupción; lo que se siembra en oprobio, resucita en gloria; lo que se siembra en debilidad, resucita en poder; se siembra un cuerpo natural, resucita un cuerpo espiritual. Si hay un cuerpo natural, también hay un cuerpo espiritual.

1 CORINTIOS 15.54

Cuando lo corruptible se revista de lo incorruptible, y lo mortal, de inmortalidad, entonces se cumplirá lo que está escrito: «La muerte ha sido devorada por la victoria».

JEREMÍAS 17.10

«Yo, el SEÑOR, sondeo el corazón y examino los pensamientos, para darle a cada uno según sus acciones y según el fruto de sus obras».

2 Corintios 5.9–10

Por eso nos empeñamos en agradarle, ya sea que vivamos en nuestro cuerpo o que lo hayamos dejado. Porque es necesario que todos comparezcamos ante el tribunal de Cristo, para que cada uno reciba lo que le corresponda, según lo bueno o malo que haya hecho mientras vivió en el cuerpo.

2 Tesalonicenses 1.7, 10

Esto sucederá cuando el Señor Jesús se manifieste desde el cielo entre llamas de fuego, con sus poderosos ángeles [...] el día en que venga para ser glorificado por medio de sus santos y admirado por todos los que hayan creído.

Colosenses 3.4

Cuando Cristo, que es la vida de ustedes, se manifieste, entonces también ustedes serán manifestados con él en gloria.

SEGUNDA PARTE

MIS RELACIONES COMO UNA MUJER CRISTIANA

Dios tiene un brillante ideal para la vida de una mujer cristiana. En ocasiones puede parecerte que este ideal se encuentra más allá de tu alcance. Sin embargo, el Señor ha provisto su Palabra para guiarte y sus promesas a fin de fortalecerte. Estos versículos, que se enfocan en las relaciones con tu esposo, tu familia, la iglesia y el mundo, te ayudarán a crecer hasta convertirte en todo lo que Dios quiere que seas.

RELACIÓN CON MI ESPOSO

EL IDEAL DE DIOS
_____PARA MI MATRIMONIO_____

GÉNESIS 2.18, 22–24

Luego Dios el SEÑOR dijo: «No es bueno que el hombre esté solo. Voy a hacerle una ayuda adecuada.» [...] De la costilla que le había quitado al hombre, Dios el SEÑOR hizo una mujer y se la presentó al hombre, el cual exclamó: «Ésta sí es hueso de mis huesos y carne de mi carne. Se llamará "mujer" porque del hombre fue sacada.» Por eso el hombre deja a su padre y a su madre, y se une a su mujer, y los dos se funden en un solo ser.

GÉNESIS 24.67

Luego Isaac llevó a Rebeca a la carpa de Sara, su madre, y la tomó por esposa. Isaac amó a Rebeca, y así se consoló de la muerte de su madre.

1 CORINTIOS 11.11–12

Sin embargo, en el Señor, ni la mujer existe aparte del hombre ni el hombre aparte de la mujer. Porque así como la mujer procede del hombre, también el hombre nace de la mujer; pero todo proviene de Dios.

COLOSENSES 3.12–14

Por lo tanto, como escogidos de Dios, santos y

amados, revístanse de afecto entrañable y de bondad, humildad, amabilidad y paciencia, de modo que se toleren unos a otros y se perdonen si alguno tiene queja contra otro. Así como el Señor los perdonó, perdonen también ustedes. Por encima de todo, vístanse de amor, que es el vínculo perfecto.

_____MI PAPEL COMO ESPOSA_____

EFESIOS 5.21
Sométanse unos a otros, por reverencia a Cristo.

1 PEDRO 3.1–2
Así mismo, esposas, sométanse a sus esposos, de modo que si algunos de ellos no creen en la palabra, puedan ser ganados más por el comportamiento de ustedes que por sus palabras, al observar su conducta íntegra y respetuosa.

EFESIOS 5.33
En todo caso, cada uno de ustedes ame también a su esposa como a sí mismo, y que la esposa respete a su esposo.

PROVERBIOS 31.11–12, 30–31
Su esposo confía plenamente en ella y no necesita de ganancias mal habidas. Ella le es fuente de bien, no de mal, todos los días de su vida [...] Engañoso es el encanto y pasajera la belleza; la mujer que

teme al SEÑOR es digna de alabanza. ¡Sean reconocidos sus logros, y públicamente alabadas sus obras!

1 CORINTIOS 7.3–5

El hombre debe cumplir su deber conyugal con su esposa, e igualmente la mujer con su esposo. La mujer ya no tiene derecho sobre su propio cuerpo, sino su esposo. Tampoco el hombre tiene derecho sobre su propio cuerpo, sino su esposa. No se nieguen el uno al otro, a no ser de común acuerdo, y sólo por un tiempo, para dedicarse a la oración. No tarden en volver a unirse nuevamente; de lo contrario, pueden caer en tentación de Satanás, por falta de dominio propio.

TITO 2.3–5

Deben enseñar lo bueno y aconsejar a las jóvenes a amar a sus esposos y a sus hijos, a ser sensatas y puras, cuidadosas del hogar, bondadosas y sumisas a sus esposos, para que no se hable mal de la palabra de Dios.

___MI ACTITUD HACIA EL SEXO___

GÉNESIS 1.27

Y Dios creó al ser humano a su imagen; lo creó a imagen de Dios. Hombre y mujer los creó.

GÉNESIS 2.24

Por eso el hombre deja a su padre y a su madre, y se une a su mujer, y los dos se funden en un solo ser.

1 Timoteo 4.4–5

Todo lo que Dios ha creado es bueno, y nada es despreciable si se recibe con acción de gracias, porque la palabra de Dios y la oración lo santifican.

Hebreos 13.4

Tengan todos en alta estima el matrimonio y la fidelidad conyugal, porque Dios juzgará a los adúlteros y a todos los que cometen inmoralidades sexuales.

1 Corintios 7.4–5

La mujer ya no tiene derecho sobre su propio cuerpo, sino su esposo. Tampoco el hombre tiene derecho sobre su propio cuerpo, sino su esposa. No se nieguen el uno al otro, a no ser de común acuerdo, y sólo por un tiempo, para dedicarse a la oración. No tarden en volver a unirse nuevamente; de lo contrario, pueden caer en tentación de Satanás, por falta de dominio propio.

Cantar de los cantares 4.10–11, 15

¡Cuán delicioso es tu amor, hermana y novia mía! ¡Más agradable que el vino es tu amor, y más que toda especia la fragancia de tu perfume! Tus labios, novia mía, destilan miel; leche y miel escondes bajo la lengua. Cual fragancia del Líbano es la fragancia de tus vestidos [...] Eres fuente de los jardines, manantial de aguas vivas, ¡arroyo que del Líbano desciende!

CANTAR DE LOS CANTARES 7.6–8

Cuán bella eres, amor mío, ¡cuán encantadora en tus delicias! Tu talle se asemeja al talle de la palmera, y tus pechos a sus racimos. Me dije: «Me treparé a la palmera; de sus racimos me adueñaré.» ¡Sean tus pechos como racimos de uvas, tu aliento cual fragancia de manzanas…!

PRÁCTICAS SEXUALES _____QUE DIOS PROHÍBE_____

ÉXODO 20.14

«No cometas adulterio».

ROMANOS 1.26–27

Por tanto, Dios los entregó a pasiones vergonzosas. En efecto, las mujeres cambiaron las relaciones naturales por las que van contra la naturaleza. Así mismo los hombres dejaron las relaciones naturales con la mujer y se encendieron en pasiones lujuriosas los unos con los otros. Hombres con hombres cometieron actos indecentes, y en sí mismos recibieron el castigo que merecía su perversión.

LEVÍTICO 18.6

«Nadie se acercará a ningún pariente cercano para tener relaciones sexuales con él o con ella. Yo soy el SEÑOR».

LEVÍTICO 18.15

«No tendrás relaciones sexuales con tu nuera. No las tendrás, porque sería como tenerlas con tu hijo».

LEVÍTICO 18.23

«No tendrás trato sexual con ningún animal. No te hagas impuro por causa de él».

DEUTERONOMIO 23.17–18

«Ningún hombre o mujer de Israel se dedicará a la prostitución ritual. No lleves a la casa del SEÑOR tu Dios dineros ganados con estas prácticas, ni pagues con esos dineros ninguna ofrenda prometida, porque unos y otros son abominables al SEÑOR tu Dios».

GÁLATAS 5.19

Las obras de la naturaleza pecaminosa se conocen bien: inmoralidad sexual, impureza y libertinaje.

MI PERSPECTIVA SOBRE _____LOS CONFLICTOS_____

2 TIMOTEO 2.24–25

Y un siervo del Señor no debe andar peleando; más bien, debe ser amable con todos, capaz de enseñar y no propenso a irritarse. Así, humildemente, debe corregir a los adversarios, con la esperanza de que Dios les conceda el arrepentimiento para conocer la verdad.

SANTIAGO 3.17–18

En cambio, la sabiduría que desciende del cielo es ante todo pura, y además pacífica, bondadosa, dócil, llena de compasión y de buenos frutos, imparcial y sincera. En fin, el fruto de la justicia se siembra en paz para los que hacen la paz.

COLOSENSES 3.16

Que habite en ustedes la palabra de Cristo con toda su riqueza: instrúyanse y aconséjense unos a otros con toda sabiduría.

PROVERBIOS 13.18

El que desprecia a la disciplina sufre pobreza y deshonra; el que atiende a la corrección recibe grandes honores.

1 CORINTIOS 3.3

Aún son inmaduros. Mientras haya entre ustedes celos y contiendas, ¿no serán inmaduros? ¿Acaso no se están comportando según criterios meramente humanos?

FILIPENSES 2.2

Llénenme de alegría teniendo un mismo parecer, un mismo amor, unidos en alma y pensamiento.

SANTIAGO 4.1–2

¿De dónde surgen las guerras y los conflictos entre ustedes? ¿No es precisamente de las pasiones que luchan dentro de ustedes mismos? Desean algo y no lo consiguen. Matan y sienten envidia, y no pueden obtener lo que quieren. Riñen y se hacen la guerra. No tienen, porque no piden.

MI PERSPECTIVA
SOBRE EL DOLOR

1 PEDRO 3.9

No devuelvan mal por mal ni insulto por insulto; más bien, bendigan, porque para esto fueron llamados, para heredar una bendición.

GÁLATAS 6.9

No nos cansemos de hacer el bien, porque a su debido tiempo cosecharemos si no nos damos por vencidos.

LUCAS 6.31

«Traten a los demás tal y como quieren que ellos los traten a ustedes».

LUCAS 6.38

«Den, y se les dará: se les echará en el regazo una medida llena, apretada, sacudida y desbordante. Porque con la medida que midan a otros, se les medirá a ustedes».

1 TESALONICENSES 3.12

Que el Señor los haga crecer para que se amen

más y más unos a otros, y a todos, tal como nosotros los amamos a ustedes.

Mateo 5.23–24

«Por lo tanto, si estás presentando tu ofrenda en el altar y allí recuerdas que tu hermano tiene algo contra ti, deja tu ofrenda allí delante del altar. Ve primero y reconcíliate con tu hermano; luego vuelve y presenta tu ofrenda».

Salmos 37.5–6

Encomienda al Señor tu camino; confía en él, y él actuará. Hará que tu justicia resplandezca como el alba; tu justa causa, como el sol de mediodía.

Colosenses 3.13

Encomienda al Señor tu camino; confía en él, y él actuará. Hará que tu justicia resplandezca como el alba; tu justa causa, como el sol de mediodía.

MI PERSPECTIVA
_____SOBRE LA IRA_____

Proverbios 12.18

El charlatán hiere con la lengua como con una espada, pero la lengua del sabio brinda alivio.

Salmos 37.8

Refrena tu enojo, abandona la ira; no te irrites, pues esto conduce al mal.

ISAÍAS 54.8

Por un momento, en un arrebato de enojo, escondí mi rostro de ti; pero con amor eterno te tendré compasión —dice el SEÑOR, tu Redentor.

ISAÍAS 32.17

El producto de la justicia será la paz; tranquilidad y seguridad perpetuas serán su fruto.

MIQUEAS 7.18–19

El producto de la justicia será la paz; tranquilidad y seguridad perpetuas serán su fruto.

LUCAS 6.37

«No juzguen, y no se les juzgará. No condenen, y no se les condenará. Perdonen, y se les perdonará».

ISAÍAS 12.1

En aquel día tú dirás: «SEÑOR, yo te alabaré aunque te hayas enojado conmigo. Tu ira se ha calmado, y me has dado consuelo».

HEBREOS 12.14

Busquen la paz con todos, y la santidad, sin la cual nadie verá al Señor.

MI PERSPECTIVA SOBRE
_____LA DEBILIDAD_____

ISAÍAS 30.18
Por eso el SEÑOR los espera, para tenerles piedad; por eso se levanta para mostrarles compasión.

MATEO 7.3–4
«¿Por qué te fijas en la astilla que tiene tu hermano en el ojo, y no le das importancia a la viga que está en el tuyo? ¿Cómo puedes decirle a tu hermano: "Déjame sacarte la astilla del ojo", cuando ahí tienes una viga en el tuyo?».

ISAÍAS 40.29
Él fortalece al cansado y acrecienta las fuerzas del débil.

1 TESALONICENSES 5.11
Por eso, anímense y edifíquense unos a otros, tal como lo vienen haciendo.

MATEO 12.7
«Si ustedes supieran lo que significa: "Lo que pido de ustedes es misericordia y no sacrificios", no condenarían a los que no son culpables».

MATEO 7.1–2
«No juzguen a nadie, para que nadie los juzgue a ustedes. Porque tal como juzguen se les juzgará,

y con la medida que midan a otros, se les medirá a ustedes».

COLOSENSES 3.12

Por lo tanto, como escogidos de Dios, santos y amados, revístanse de afecto entrañable y de bondad, humildad, amabilidad y paciencia.

ISAÍAS 54.4

«No temas, porque no serás avergonzada. No te turbes, porque no serás humillada».

MI ACTITUD EN CUANTO A LA SINCERIDAD

EFESIOS 4.15–16

Más bien, al vivir la verdad con amor, creceremos hasta ser en todo como aquel que es la cabeza, es decir, Cristo. Por su acción todo el cuerpo crece y se edifica en amor, sostenido y ajustado por todos los ligamentos, según la actividad propia de cada miembro.

SANTIAGO 5.16

Por eso, confiésense unos a otros sus pecados, y oren unos por otros, para que sean sanados. La oración del justo es poderosa y eficaz.

SALMOS 101.7

Jamás habitará bajo mi techo nadie que practique

el engaño; jamás prevalecerá en mi presencia nadie que hable con falsedad.

2 Corintios 3.18

Así, todos nosotros, que con el rostro descubierto reflejamos como en un espejo la gloria del Señor, somos transformados a su semejanza con más y más gloria por la acción del Señor, que es el Espíritu.

Hebreos 4.13

Ninguna cosa creada escapa a la vista de Dios. Todo está al descubierto, expuesto a los ojos de aquel a quien hemos de rendir cuentas.

Efesios 4.25

Por lo tanto, dejando la mentira, hable cada uno a su prójimo con la verdad, porque todos somos miembros de un mismo cuerpo.

2 Corintios 6.11, 13

Hermanos corintios, les hemos hablado con toda franqueza; les hemos abierto de par en par nuestro corazón [...] ¡abran también su corazón de par en par!

MI ACTITUD EN CUANTO AL PERDÓN

Lucas 17.3–4

«Si tu hermano peca, repréndelo; y si se arrepiente,

perdónalo. Aun si peca contra ti siete veces en un día, y siete veces regresa a decirte "Me arrepiento", perdónalo».

SALMOS 130.3–4

Si tú, SEÑOR, tomaras en cuenta los pecados, ¿quién, SEÑOR, sería declarado inocente? Pero en ti se halla perdón, y por eso debes ser temido.

MATEO 6.14–15

Porque si perdonan a otros sus ofensas, también los perdonará a ustedes su Padre celestial. Pero si no perdonan a otros sus ofensas, tampoco su Padre les perdonará a ustedes las suyas.

EFESIOS 4.32

Más bien, sean bondadosos y compasivos unos con otros, y perdónense mutuamente, así como Dios los perdonó a ustedes en Cristo.

LUCAS 7.47

Por esto te digo: si ella ha amado mucho, es que sus muchos pecados le han sido perdonados. Pero a quien poco se le perdona, poco ama.

ISAÍAS 30.15

Porque así dice el SEÑOR omnipotente, el Santo de Israel: «En el arrepentimiento y la calma está su salvación, en la serenidad y la confianza está su fuerza, ¡pero ustedes no lo quieren reconocer!».

COLOSENSES 3.13–14

De modo que se toleren unos a otros y se perdonen si alguno tiene queja contra otro. Así como el Señor los perdonó, perdonen también ustedes. Por encima de todo, vístanse de amor, que es el vínculo perfecto.

RELACIONES CON MIS HIJOS
_____CÓMO SER MADRE_____

Deuteronomio 4.40
Obedece sus preceptos y normas que hoy te mando cumplir. De este modo a ti y a tus descendientes les irá bien, y permanecerán mucho tiempo en la tierra que el Señor su Dios les da para siempre.

Deuteronomio 4.9
¡Pero tengan cuidado! Presten atención y no olviden las cosas que han visto sus ojos, ni las aparten de su corazón mientras vivan. Cuéntenselas a sus hijos y a sus nietos.

Deuteronomio 30.19–20
Elige, pues, la vida, para que vivan tú y tus descendientes. Ama al Señor tu Dios, obedécelo y sé fiel a él.

Tito 2.7
Con tus buenas obras, dales tú mismo ejemplo en todo. Cuando enseñes, hazlo con integridad y seriedad.

Hebreos 10.35–36
Así que no pierdan la confianza, porque ésta será grandemente recompensada. Ustedes necesitan perseverar para que, después de haber cumplido la voluntad de Dios, reciban lo que él ha prometido.

PROVERBIOS 31.26–29
Cuando habla, lo hace con sabiduría; cuando instruye, lo hace con amor. Está atenta a la marcha de su hogar, y el pan que come no es fruto del ocio. Sus hijos se levantan y la felicitan; también su esposo la alaba: «Muchas mujeres han realizado proezas, pero tú las superas a todas».

MIS METAS EN LA CRIANZA DE LOS NIÑOS

1 TESALONICENSES 2.11–12
Saben también que a cada uno de ustedes lo hemos tratado como trata un padre a sus propios hijos. Los hemos animado, consolado y exhortado a llevar una vida digna de Dios, que los llama a su reino y a su gloria.

PROVERBIOS 1.2–3
Para adquirir sabiduría y disciplina; para discernir palabras de inteligencia; para recibir la corrección que dan la prudencia, la rectitud, la justicia y la equidad.

MATEO 22.36–40
—Maestro, ¿cuál es el mandamiento más importante de la ley?
—"Ama al Señor tu Dios con todo tu corazón, con todo tu ser y con toda tu mente" —le respondió Jesús—. Éste es el primero y el más importante

de los mandamientos. El segundo se parece a éste: "Ama a tu prójimo como a ti mismo." De estos dos mandamientos dependen toda la ley y los profetas.

EFESIOS 5.1–2

Por tanto, imiten a Dios, como hijos muy amados, y lleven una vida de amor, así como Cristo nos amó y se entregó por nosotros como ofrenda y sacrificio fragante para Dios.

1 TIMOTEO 4.12

Que nadie te menosprecie por ser joven. Al contrario, que los creyentes vean en ti un ejemplo a seguir en la manera de hablar, en la conducta, y en amor, fe y pureza.

2 TIMOTEO 3.15

Desde tu niñez conoces las Sagradas Escrituras, que pueden darte la sabiduría necesaria para la salvación mediante la fe en Cristo Jesús.

__MI PROPÓSITO AL DISCIPLINAR__

HEBREOS 12.10–11

Nuestros padres nos disciplinaban por un breve tiempo, como mejor les parecía; pero Dios lo hace para nuestro bien, a fin de que participemos de su santidad. Ciertamente, ninguna disciplina, en el momento de recibirla, parece agradable, sino más bien penosa; sin embargo, después produce una cosecha de justicia y paz para quienes han sido entrenados por ella.

PROVERBIOS 3.11–12

Hijo mío, no desprecies la disciplina del SEÑOR, ni te ofendas por sus reprensiones. Porque el SEÑOR disciplina a los que ama, como corrige un padre a su hijo querido.

SALMOS 39.11

Tú reprendes a los mortales, los castigas por su iniquidad.

PROVERBIOS 5.23

Morirá por su falta de disciplina; perecerá por su gran insensatez.

1 CORINTIOS 11.32

Si nos juzga el Señor, nos disciplina para que no seamos condenados con el mundo.

PROVERBIOS 23.13–14

No dejes de disciplinar al joven, que de unos cuantos azotes no se morirá. Dale unos buenos azotes, y así lo librarás del sepulcro.

PROVERBIOS 19.18

Corrige a tu hijo mientras aún hay esperanza; no te hagas cómplice de su muerte.

2 Timoteo 3.16–17

Toda la Escritura es inspirada por Dios y útil para enseñar, para reprender, para corregir y para instruir en la justicia, a fin de que el siervo de Dios esté enteramente capacitado para toda buena obra.

MIS RECURSOS PARA EJERCER LA DISCIPLINA

2 Timoteo 4.2

Predica la Palabra; persiste en hacerlo, sea o no sea oportuno; corrige, reprende y anima con mucha paciencia, sin dejar de enseñar.

Proverbios 12.25

La angustia abate el corazón del hombre, pero una palabra amable lo alegra.

Levítico 19.17

«No alimentes odios secretos contra tu hermano, sino reprende con franqueza a tu prójimo para que no sufras las consecuencias de su pecado».

Proverbios 29.15

La vara de la disciplina imparte sabiduría, pero el hijo malcriado avergüenza a su madre.

Proverbios 22.15

La necedad es parte del corazón juvenil, pero la vara de la disciplina la corrige.

1 JUAN 1.9

Si confesamos nuestros pecados, Dios, que es fiel y justo, nos los perdonará y nos limpiará de toda maldad.

2 CORINTIOS 5.19

En Cristo, Dios estaba reconciliando al mundo consigo mismo, no tomándole en cuenta sus pecados y encargándonos a nosotros el mensaje de la reconciliación.

PROVERBIOS 22.6

Instruye al niño en el camino correcto, y aun en su vejez no lo abandonará.

1 CORINTIOS 4.15–17

Mediante el evangelio yo fui el padre que los engendró en Cristo Jesús. Por tanto, les ruego que sigan mi ejemplo [...] Él les recordará mi manera de comportarme en Cristo Jesús, como enseño por todas partes y en todas las iglesias.

FORMAS DE PROMOVER __EL CRECIMIENTO ESPIRITUAL__

PROVERBIOS 11.27

El que madruga para el bien, halla buena voluntad; el que anda tras el mal, por el mal será alcanzado.

Romanos 14.13

Por tanto, dejemos de juzgarnos unos a otros. Más bien, propónganse no poner tropiezos ni obstáculos al hermano.

Proverbios 3.3–4

Que nunca te abandonen el amor y la verdad: llévalos siempre alrededor de tu cuello y escríbelos en el libro de tu corazón. Contarás con el favor de Dios y tendrás buena fama entre la gente.

Deuteronomio 29.29

Lo secreto le pertenece al Señor nuestro Dios, pero lo revelado nos pertenece a nosotros y a nuestros hijos para siempre, para que obedezcamos todas las palabras de esta ley.

Hebreos 10.24–25

Preocupémonos los unos por los otros, a fin de estimularnos al amor y a las buenas obras. No dejemos de congregarnos, como acostumbran hacerlo algunos, sino animémonos unos a otros, y con mayor razón ahora que vemos que aquel día se acerca.

Deuteronomio 6.5–7

Ama al Señor tu Dios con todo tu corazón y con toda tu alma y con todas tus fuerzas. Grábate en el corazón estas palabras que hoy te mando. Incúlcaselas continuamente a tus hijos. Háblales de ellas cuando estés en tu casa y cuando vayas por el camino, cuando te acuestes y cuando te levantes.

___ORACIONES POR MIS HIJOS___

EFESIOS 1.16–17

No he dejado de dar gracias por ustedes al recordarlos en mis oraciones. Pido que el Dios de nuestro Señor Jesucristo, el Padre glorioso, les dé el Espíritu de sabiduría y de revelación, para que lo conozcan mejor.

EFESIOS 1.18–19

Pido también que les sean iluminados los ojos del corazón para que sepan a qué esperanza él los ha llamado, cuál es la riqueza de su gloriosa herencia entre los santos, y cuán incomparable es la grandeza de su poder a favor de los que creemos.

EFESIOS 3.16–17

Le pido que, por medio del Espíritu y con el poder que procede de sus gloriosas riquezas, los fortalezca a ustedes en lo íntimo de su ser, para que por fe Cristo habite en sus corazones.

EFESIOS 3.17–19

Y pido que, arraigados y cimentados en amor, puedan comprender, junto con todos los santos, cuán ancho y largo, alto y profundo es el amor de Cristo; en fin, que conozcan ese amor que sobrepasa nuestro conocimiento, para que sean llenos de la plenitud de Dios.

FILIPENSES 1.9–10

Esto es lo que pido en oración: que el amor de ustedes abunde cada vez más en conocimiento y en buen juicio, para que disciernan lo que es mejor, y sean puros e irreprochables para el día de Cristo.

_____CÓMO DEMOSTRAR AMOR_____

1 JUAN 4.9–10

Así manifestó Dios su amor entre nosotros: en que envió a su Hijo unigénito al mundo para que vivamos por medio de él. En esto consiste el amor: no en que nosotros hayamos amado a Dios, sino en que él nos amó y envió a su Hijo.

1 JUAN 3.18

Queridos hijos, no amemos de palabra ni de labios para afuera, sino con hechos y de verdad.

1 SAMUEL 12.23

«En cuanto a mí, que el SEÑOR me libre de pecar contra él dejando de orar por ustedes. Yo seguiré enseñándoles el camino bueno y recto».

SALMOS 89.33

Con todo, jamás le negaré mi amor, ni mi fidelidad le faltará.

1 Reyes 3.3

Salomón amaba al Señor y cumplía los decretos de su padre David. Sin embargo, también iba a los santuarios paganos para ofrecer sacrificios y quemar incienso.

Nehemías 9.17

«Eres Dios perdonador, clemente y compasivo, lento para la ira y grande en amor».

Hebreos 12.6

«Porque el Señor disciplina a los que ama, y azota a todo el que recibe como hijo».

1 Corintios 13.4–7

El amor es paciente, es bondadoso. El amor no es envidioso ni jactancioso ni orgulloso. No se comporta con rudeza, no es egoísta, no se enoja fácilmente, no guarda rencor. El amor no se deleita en la maldad sino que se regocija con la verdad. Todo lo disculpa, todo lo cree, todo lo espera, todo lo soporta.

CONVERSACIONES CON MIS _____HIJOS SOBRE DIOS_____

Éxodo 10.2

«Lo hice para que puedas contarles a tus hijos y a tus nietos la dureza con que traté a los egipcios, y las señales que realicé entre ellos. Así sabrán que yo soy el Señor».

ÉXODO 12.26–27

«Y cuando sus hijos les pregunten: "¿Qué significa para ustedes esta ceremonia?", les responderán: "Este sacrificio es la Pascua del SEÑOR, que en Egipto pasó de largo por las casas israelitas. Hirió de muerte a los egipcios, pero a nuestras familias les salvó la vida."» Al oír esto, los israelitas se inclinaron y adoraron al SEÑOR.

DEUTERONOMIO 6.5–7, 9

Ama al SEÑOR tu Dios con todo tu corazón y con toda tu alma y con todas tus fuerzas. Grábate en el corazón estas palabras que hoy te mando. Incúlcaselas continuamente a tus hijos. Háblales de ellas cuando estés en tu casa y cuando vayas por el camino, cuando te acuestes y cuando te levantes [...] escríbelas en los postes de tu casa y en los portones de tus ciudades.

COLOSENSES 3.16–17

Instrúyanse y aconséjense unos a otros con toda sabiduría; canten salmos, himnos y canciones espirituales a Dios, con gratitud de corazón. Y todo lo que hagan, de palabra o de obra, háganlo en el nombre del Señor Jesús, dando gracias a Dios el Padre por medio de él.

DEUTERONOMIO 4.9–10

«¡Pero tengan cuidado! Presten atención y no olviden las cosas que han visto sus ojos, ni las aparten de su corazón mientras vivan. Cuéntenselas a sus hijos y a sus nietos. El día que ustedes estuvieron ante el S<small>EÑOR</small> su Dios en Horeb, él me dijo: "Convoca al pueblo para que se presente ante mí y oiga mis palabras, para que aprenda a temerme todo el tiempo que viva en la tierra, y para que enseñe esto mismo a sus hijos"».

DE QUÉ MANERA EVITAR
__SITUACIONES PROBLEMÁTICAS__

P<small>ROVERBIOS</small> 10.12

El odio es motivo de disensiones, pero el amor cubre todas las faltas.

S<small>ALMOS</small> 34.12–13

El que quiera amar la vida y gozar de días felices, que refrene su lengua de hablar el mal y sus labios de proferir engaños.

C<small>OLOSENSES</small> 3.8

Pero ahora abandonen también todo esto: enojo, ira, malicia, calumnia y lenguaje obsceno.

É<small>XODO</small> 23.2

«No imites la maldad de las mayorías. No te dejes llevar por la mayoría en un proceso legal. No perviertas la justicia tomando partido con la mayoría».

PROVERBIOS 1.10

Hijo mío, si los pecadores quieren engañarte, no vayas con ellos.

EFESIOS 6.1–3

Hijos, obedezcan en el Señor a sus padres, porque esto es justo. «Honra a tu padre y a tu madre "que es el primer mandamiento con promesa" para que te vaya bien y disfrutes de una larga vida en la tierra».

GÁLATAS 6.4

Cada cual examine su propia conducta; y si tiene algo de qué presumir, que no se compare con nadie.

FILIPENSES 2.3–4

Con humildad consideren a los demás como superiores a ustedes mismos. Cada uno debe velar no sólo por sus propios intereses sino también por los intereses de los demás.

Levítico 19.11

«No roben. No mientan. No engañen a su prójimo».

PROVERBIOS 3.30

No entres en pleito con nadie que no te haya hecho ningún daño.

PROVERBIOS 15.1

La respuesta amable calma el enojo, pero la agresiva echa leña al fuego.

PROVERBIOS 18.13

Es necio y vergonzoso responder antes de escuchar.

PROVERBIOS 28.13

Quien encubre su pecado jamás prospera; quien lo confiesa y lo deja, halla perdón.

PROVERBIOS 29.25

Temer a los hombres resulta una trampa, pero el que confía en el SEÑOR sale bien librado.

MATEO 18.21–22

—Señor, ¿cuántas veces tengo que perdonar a mi hermano que peca contra mí? ¿Hasta siete veces?
—No te digo que hasta siete veces, sino hasta setenta y siete veces —le contestó Jesús.

1 CORINTIOS 15.33

No se dejen engañar: «Las malas compañías corrompen las buenas costumbres».

1 PEDRO 3.9

No devuelvan mal por mal ni insulto por insulto; más bien, bendigan, porque para esto fueron llamados, para heredar una bendición.

PROVERBIOS 12.22

El Señor aborrece a los de labios mentirosos, pero se complace en los que actúan con lealtad.

PROVERBIOS 17.9

El que perdona la ofensa cultiva el amor; el que insiste en la ofensa divide a los amigos.

RELACIONES EN LA IGLESIA

CÓMO RECONOCER
_____UNA BUENA IGLESIA_____

HECHOS 2.42

Se mantenían firmes en la enseñanza de los apóstoles, en la comunión, en el partimiento del pan y en la oración.

SALMOS 105.2–3

Cántenle, entónenle salmos; hablen de todas sus maravillas. Siéntanse orgullosos de su santo nombre; alégrese el corazón de los que buscan al SEÑOR.

HECHOS 2.46–47

No dejaban de reunirse en el templo ni un solo día. De casa en casa partían el pan y compartían la comida con alegría y generosidad, alabando a Dios y disfrutando de la estimación general del pueblo. Y cada día el Señor añadía al grupo los que iban siendo salvos.

HEBREOS 13.9

No se dejen llevar por ninguna clase de enseñanzas extrañas. Conviene que el corazón sea fortalecido por la gracia, y no por alimentos rituales que de nada aprovechan a quienes los comen.

SANTIAGO 1.22

No se contenten sólo con escuchar la palabra, pues así se engañan ustedes mismos. Llévenla a la práctica.

1 PEDRO 1.8–9

Ustedes lo aman a pesar de no haberlo visto; y aunque no lo ven ahora, creen en él y se alegran con un gozo indescriptible y glorioso, pues están obteniendo la meta de su fe, que es su salvación.

SANTIAGO 1.27

La religión pura y sin mancha delante de Dios nuestro Padre es ésta: atender a los huérfanos y a las viudas en sus aflicciones, y conservarse limpio de la corrupción del mundo.

MI FUNCIÓN EN EL CUERPO DE CRISTO

ROMANOS 12.1

Por lo tanto, hermanos, tomando en cuenta la misericordia de Dios, les ruego que cada uno de ustedes, en adoración espiritual, ofrezca su cuerpo como sacrificio vivo, santo y agradable a Dios.

HEBREOS 10.24–25

Preocupémonos los unos por los otros, a fin de estimularnos al amor y a las buenas obras. No dejemos de congregarnos, como acostumbran hacerlo algunos, sino animémonos unos a otros, y con mayor razón ahora que vemos que aquel día se acerca.

1 CORINTIOS 15.58

Por lo tanto, mis queridos hermanos, manténganse firmes e inconmovibles, progresando siempre en la obra del Señor, conscientes de que su trabajo en el Señor no es en vano.

1 TIMOTEO 4.12

Que nadie te menosprecie por ser joven. Al contrario, que los creyentes vean en ti un ejemplo a seguir en la manera de hablar, en la conducta, y en amor, fe y pureza.

HEBREOS 13.16

No se olviden de hacer el bien y de compartir con otros lo que tienen, porque ésos son los sacrificios que agradan a Dios.

ROMANOS 15.14

Por mi parte, hermanos míos, estoy seguro de que ustedes mismos rebosan de bondad, abundan en conocimiento y están capacitados para instruirse unos a otros.

1 TIMOTEO 2.8

Levanten las manos al cielo con pureza de corazón, sin enojos ni contiendas.

1 Pedro 4.10

Cada uno ponga al servicio de los demás el don que haya recibido, administrando fielmente la gracia de Dios en sus diversas formas.

MIS DONES
_____ESPIRITUALES_____

1 Corintios 12.7, 11

A cada uno se le da una manifestación especial del Espíritu para el bien de los demás [...] Todo esto lo hace un mismo y único Espíritu, quien reparte a cada uno según él lo determina.

Romanos 1.11–12

Tengo muchos deseos de verlos para impartirles algún don espiritual que los fortalezca; mejor dicho, para que unos a otros nos animemos con la fe que compartimos.

Hechos 2.18

«En esos días derramaré mi Espíritu aun sobre mis siervos y mis siervas, y profetizarán».

1 Pedro 4.10–11

Cada uno ponga al servicio de los demás el don que haya recibido, administrando fielmente la gracia de Dios en sus diversas formas. El que habla, hágalo como quien expresa las palabras mismas de Dios; el que presta algún servicio, hágalo como quien tiene el poder de Dios. Así Dios será en todo alabado por medio de Jesucristo.

Tito 3.8

Este mensaje es digno de confianza, y quiero que lo recalques, para que los que han creído en Dios se empeñen en hacer buenas obras. Esto es excelente y provechoso para todos.

Efesios 6.7–8

Sirvan de buena gana, como quien sirve al Señor y no a los hombres, sabiendo que el Señor recompensará a cada uno por el bien que haya hecho, sea esclavo o sea libre.

MI COMUNIÓN CON OTROS

Romanos 12.16

Vivan en armonía los unos con los otros. No sean arrogantes, sino háganse solidarios con los humildes. No se crean los únicos que saben.

Mateo 18.19–20

«Además les digo que si dos de ustedes en la tierra se ponen de acuerdo sobre cualquier cosa que pidan, les será concedida por mi Padre que está en el cielo. Porque donde dos o tres se reúnen en mi nombre, allí estoy yo en medio de ellos».

1 JUAN 1.7

Pero si vivimos en la luz, así como él está en la luz, tenemos comunión unos con otros, y la sangre de su Hijo Jesucristo nos limpia de todo pecado.

ROMANOS 12.18

Si es posible, y en cuanto dependa de ustedes, vivan en paz con todos.

ROMANOS 15.5–6

Que el Dios que infunde aliento y perseverancia les conceda vivir juntos en armonía, conforme al ejemplo de Cristo Jesús, para que con un solo corazón y a una sola voz glorifiquen al Dios y Padre de nuestro Señor Jesucristo.

ROMANOS 16.17

Les ruego, hermanos, que se cuiden de los que causan divisiones y dificultades, y van en contra de lo que a ustedes se les ha enseñado. Apártense de ellos.

1 PEDRO 3.8

En fin, vivan en armonía los unos con los otros; compartan penas y alegrías, practiquen el amor fraternal, sean compasivos y humildes.

EL DAR

ROMANOS 12.13

Ayuden a los hermanos necesitados. Practiquen la hospitalidad.

1 Juan 3.17–18

Si alguien que posee bienes materiales ve que su hermano está pasando necesidad, y no tiene compasión de él, ¿cómo se puede decir que el amor de Dios habita en él? Queridos hijos, no amemos de palabra ni de labios para afuera, sino con hechos y de verdad.

2 Corintios 8.13–14

No se trata de que otros encuentren alivio mientras que ustedes sufren escasez; es más bien cuestión de igualdad. En las circunstancias actuales la abundancia de ustedes suplirá lo que ellos necesitan, para que a su vez la abundancia de ellos supla lo que ustedes necesitan. Así habrá igualdad.

2 Corintios 9.6

Recuerden esto: El que siembra escasamente, escasamente cosechará, y el que siembra en abundancia, en abundancia cosechará.

2 Corintios 9.7

Cada uno debe dar según lo que haya decidido en su corazón, no de mala gana ni por obligación, porque Dios ama al que da con alegría.

2 Corintios 9.10–11

El que le suple semilla al que siembra también le suplirá pan para que coma, aumentará los cultivos y hará que ustedes produzcan una abundante cosecha de justicia. Ustedes serán enriquecidos en todo sentido para que en toda ocasión puedan ser generosos, y para que por medio de nosotros la generosidad de ustedes resulte en acciones de gracias a Dios.

__MIS ACTITUDES HACIA OTROS__

ROMANOS 12.10
Ámense los unos a los otros con amor fraternal, respetándose y honrándose mutuamente.

1 TIMOTEO 5.1–2
No reprendas con dureza al anciano, sino aconséjalo como si fuera tu padre. Trata a los jóvenes como a hermanos; a las ancianas, como a madres; a las jóvenes, como a hermanas, con toda pureza.

ROMANOS 14.1
Reciban al que es débil en la fe, pero no para entrar en discusiones.

1 CORINTIOS 5.11, 13
No deben relacionarse con nadie que, llamándose hermano, sea inmoral o avaro, idólatra, calumniador, borracho o estafador. Con tal persona ni siquiera deben juntarse para comer [...] Dios juzgará a los de afuera. «Expulsen al malvado de entre ustedes».

ROMANOS 14.3–4
El que come de todo no debe menospreciar al

que no come ciertas cosas, y el que no come de todo no debe condenar al que lo hace, pues Dios lo ha aceptado. ¿Quién eres tú para juzgar al siervo de otro? Que se mantenga en pie, o que caiga, es asunto de su propio señor. Y se mantendrá en pie, porque el Señor tiene poder para sostenerlo.

1 TESALONICENSES 5.14
Hermanos, también les rogamos que amonesten a los holgazanes, estimulen a los desanimados, ayuden a los débiles y sean pacientes con todos.

SIENDO LÍDER

ISAÍAS 40.11
Como un pastor que cuida su rebaño, recoge los corderos en sus brazos; los lleva junto a su pecho, y guía con cuidado a las recién paridas.

MATEO 20.25–28
Jesús los llamó y les dijo:
—Como ustedes saben, los gobernantes de las naciones oprimen a los súbditos, y los altos oficiales abusan de su autoridad. Pero entre ustedes no debe ser así. Al contrario, el que quiera hacerse grande entre ustedes deberá ser su servidor, y el que quiera ser el primero deberá ser esclavo de los demás; así como el Hijo del hombre no vino para que le sirvan, sino para servir y para dar su vida en rescate por muchos.

1 Timoteo 3.8–10

Los diáconos, igualmente, deben ser honorables, sinceros, no amigos del mucho vino ni codiciosos de las ganancias mal habidas. Deben guardar, con una conciencia limpia, las grandes verdades de la fe. Que primero sean puestos a prueba, y después, si no hay nada que reprocharles, que sirvan como diáconos.

Ezequiel 34.15–16

«Yo mismo apacentaré a mi rebaño, y lo llevaré a descansar. Lo afirma el Señor omnipotente. Buscaré a las ovejas perdidas, recogeré a las extraviadas, vendaré a las que estén heridas y fortaleceré a las débiles, pero exterminaré a las ovejas gordas y robustas. Yo las pastorearé con justicia».

Proverbios 15.33

El temor del Señor es corrección y sabiduría; la humildad precede a la honra.

__RELACIONES CON LOS LÍDERES__

1 Tesalonicenses 5.12–13

Hermanos, les pedimos que sean considerados con los que trabajan arduamente entre ustedes, y los guían y amonestan en el Señor. Ténganlos en alta estima, y ámenlos por el trabajo que hacen. Vivan en paz unos con otros.

1 Timoteo 5.19–20

No admitas ninguna acusación contra un anciano, a no ser que esté respaldada por dos o tres testigos. A los que pecan, repréndelos en público para que sirva de escarmiento.

Hebreos 13.7

Acuérdense de sus dirigentes, que les comunicaron la palabra de Dios. Consideren cuál fue el resultado de su estilo de vida, e imiten su fe.

1 Pedro 5.5–6

Así mismo, jóvenes, sométanse a los ancianos. Revístanse todos de humildad en su trato mutuo, porque «Dios se opone a los orgullosos, pero da gracia a los humildes». Humíllense, pues, bajo la poderosa mano de Dios, para que él los exalte a su debido tiempo.

Hebreos 13.17

Obedezcan a sus dirigentes y sométanse a ellos, pues cuidan de ustedes como quienes tienen que rendir cuentas. Obedézcanlos a fin de que ellos cumplan su tarea con alegría y sin quejarse, pues el quejarse no les trae ningún provecho.

Mateo 18.4

Por tanto, el que se humilla como este niño será el más grande en el reino de los cielos.

FORMAS DE ENRIQUECER
_____MIS RELACIONES_____

TITO 3.10
Al que cause divisiones, amonéstalo dos veces, y después evítalo.

ROMANOS 12.17
No paguen a nadie mal por mal. Procuren hacer lo bueno delante de todos.

EFESIOS 6.18
Oren en el Espíritu en todo momento, con peticiones y ruegos. Manténganse alerta y perseveren en oración por todos los santos.

ÉXODO 22.25
«Si uno de ustedes presta dinero a algún necesitado de mi pueblo, no deberá tratarlo como los prestamistas ni le cobrará intereses».

2 CORINTIOS 4.2
Más bien, hemos renunciado a todo lo vergonzoso que se hace a escondidas; no actuamos con engaño ni torcemos la palabra de Dios. Al contrario, mediante la clara exposición de la verdad, nos recomendamos a toda conciencia humana en la presencia de Dios.

PROVERBIOS 28.13

Quien encubre su pecado jamás prospera; quien lo confiesa y lo deja, halla perdón.

PROVERBIOS 27.5

Más vale ser reprendido con franqueza que ser amado en secreto.

COLOSENSES 3.9–10

Dejen de mentirse unos a otros, ahora que se han quitado el ropaje de la vieja naturaleza con sus vicios, y se han puesto el de la nueva naturaleza, que se va renovando en conocimiento a imagen de su Creador.

FILIPENSES 4.5

Que su amabilidad sea evidente a todos. El Señor está cerca.

ROMANOS 15.7

Acéptense mutuamente, así como Cristo los aceptó a ustedes para gloria de Dios.

ROMANOS 15.2

Cada uno debe agradar al prójimo para su bien, con el fin de edificarlo.

1 CORINTIOS 4.3–5

Por mi parte, muy poco me preocupa que me juzguen ustedes o cualquier tribunal humano; es más, ni siquiera me juzgo a mí mismo. Porque aunque la conciencia no me remuerde, no por eso quedo absuelto; el que me juzga es el Señor. Por lo tanto, no juzguen nada antes de tiempo; esperen hasta que venga el Señor. Él sacará a la luz lo que está oculto en la oscuridad y pondrá al descubierto las intenciones de cada corazón. Entonces cada uno recibirá de Dios la alabanza que le corresponda.

SALMOS 37.37
Observa a los que son íntegros y rectos: hay porvenir para quien busca la paz.

1 PEDRO 3.8
En fin, vivan en armonía los unos con los otros; compartan penas y alegrías, practiquen el amor fraternal, sean compasivos y humildes.

1 CORINTIOS 6.4
Por tanto, si tienen pleitos sobre tales asuntos, ¿cómo es que nombran como jueces a los que no cuentan para nada ante la iglesia?

PROVERBIOS 17.9
El que perdona la ofensa cultiva el amor; el que insiste en la ofensa divide a los amigos.

RELACIONES EN EL MUNDO

CÓMO DIFIEREN LOS VALORES CRISTIANOS

DEUTERONOMIO 4.39

Reconoce y considera seriamente hoy que el SEÑOR es Dios arriba en el cielo y abajo en la tierra, y que no hay otro.

1 TIMOTEO 6.11

Tú, en cambio, hombre de Dios, huye de todo eso, y esmérate en seguir la justicia, la piedad, la fe, el amor, la constancia y la humildad.

LUCAS 16.15

«Aquello que la gente tiene en gran estima es detestable delante de Dios».

DEUTERONOMIO 10.12

Y ahora, Israel, ¿qué te pide el SEÑOR tu Dios? Simplemente que le temas y andes en todos sus caminos, que lo ames y le sirvas con todo tu corazón y con toda tu alma.

FILIPENSES 3.10

Lo he perdido todo a fin de conocer a Cristo, experimentar el poder que se manifestó en su resurrección, participar en sus sufrimientos y llegar a ser semejante a él en su muerte.

FILIPENSES 3.8

Es más, todo lo considero pérdida por razón del incomparable valor de conocer a Cristo Jesús, mi Señor. Por él lo he perdido todo, y lo tengo por estiércol, a fin de ganar a Cristo.

2 TIMOTEO 2.3–5

Comparte nuestros sufrimientos, como buen soldado de Cristo Jesús. Ningún soldado que quiera agradar a su superior se enreda en cuestiones civiles. Así mismo, el atleta no recibe la corona de vencedor si no compite según el reglamento.

_____RESPUESTAS AL MUNDO_____

1 JUAN 2.15–16

No amen al mundo ni nada de lo que hay en él. Si alguien ama al mundo, no tiene el amor del Padre. Porque nada de lo que hay en el mundo —los malos deseos del cuerpo, la codicia de los ojos y la arrogancia de la vida— proviene del Padre sino del mundo.

ROMANOS 12.2

No se amolden al mundo actual, sino sean transformados mediante la renovación de su mente. Así podrán comprobar cuál es la voluntad de Dios, buena, agradable y perfecta.

MATEO 6.19–21

«No acumulen para sí tesoros en la tierra, donde

la polilla y el óxido destruyen, y donde los ladrones se meten a robar. Más bien, acumulen para sí tesoros en el cielo, donde ni la polilla ni el óxido carcomen, ni los ladrones se meten a robar. Porque donde esté tu tesoro, allí estará también tu corazón».

1 JUAN 2.17
El mundo se acaba con sus malos deseos, pero el que hace la voluntad de Dios permanece para siempre.

1 CORINTIOS 1.28
También escogió Dios lo más bajo y despreciado, y lo que no es nada, para anular lo que es.

RESPUESTAS A LOS
NO CREYENTES

ROMANOS 13.8
No tengan deudas pendientes con nadie, a no ser la de amarse unos a otros. De hecho, quien ama al prójimo ha cumplido la ley.

2 CORINTIOS 6.14
No formen yunta con los incrédulos. ¿Qué tienen en común la justicia y la maldad? ¿O qué comunión puede tener la luz con la oscuridad?

ISAÍAS 51.7
«Escúchenme, ustedes que conocen lo que es

recto; pueblo que lleva mi ley en su corazón: No teman el reproche de los hombres, ni se desalienten por sus insultos».

1 Corintios 5.9–10

Por carta ya les he dicho que no se relacionen con personas inmorales. Por supuesto, no me refería a la gente inmoral de este mundo, ni a los avaros, estafadores o idólatras. En tal caso, tendrían ustedes que salirse de este mundo.

Salmos 49.16–17

No te asombre ver que alguien se enriquezca y aumente el esplendor de su casa, porque al morir no se llevará nada, ni con él descenderá su esplendor.

Romanos 13.7

Paguen a cada uno lo que le corresponda: si deben impuestos, paguen los impuestos; si deben contribuciones, paguen las contribuciones; al que deban respeto, muéstrenle respeto; al que deban honor, ríndanle honor.

Mateo 9.13

«Pero vayan y aprendan lo que significa: "Lo que pido de ustedes es misericordia y no sacrificios." Porque no he venido a llamar a justos sino a pecadores».

RELACIONES CON LOS
_____NO CREYENTES_____

SANTIAGO 2.8–9

Hacen muy bien si de veras cumplen la ley suprema de la Escritura: «Ama a tu prójimo como a ti mismo»; pero si muestran algún favoritismo, pecan y son culpables, pues la misma ley los acusa de ser transgresores.

MATEO 5.16

Hagan brillar su luz delante de todos, para que ellos puedan ver las buenas obras de ustedes y alaben al Padre que está en el cielo.

1 PEDRO 3.14–15

¡Dichosos si sufren por causa de la justicia! «No teman lo que ellos temen, ni se dejen asustar.» Más bien, honren en su corazón a Cristo como Señor. Estén siempre preparados para responder a todo el que les pida razón de la esperanza que hay en ustedes.

LUCAS 6.35–36

«Ustedes, por el contrario, amen a sus enemigos, háganles bien y denles prestado sin esperar nada a cambio. Así tendrán una gran recompensa y serán hijos del Altísimo, porque él es bondadoso con los ingratos y malvados. Sean compasivos, así como su Padre es compasivo».

2 Timoteo 2.23–24

No tengas nada que ver con discusiones necias y sin sentido, pues ya sabes que terminan en pleitos. Y un siervo del Señor no debe andar peleando; más bien, debe ser amable con todos, capaz de enseñar y no propenso a irritarse.

1 Pedro 2.12

Mantengan entre los incrédulos una conducta tan ejemplar que, aunque los acusen de hacer el mal, ellos observen las buenas obras de ustedes y glorifiquen a Dios en el día de la salvación.

__RESPUESTAS AL MATERIALISMO__

Filipenses 4.12–13

Sé lo que es vivir en la pobreza, y lo que es vivir en la abundancia. He aprendido a vivir en todas y cada una de las circunstancias, tanto a quedar saciado como a pasar hambre, a tener de sobra como a sufrir escasez. Todo lo puedo en Cristo que me fortalece.

Deuteronomio 8.11–14

Pero ten cuidado de no olvidar al Señor tu Dios. No dejes de cumplir sus mandamientos, normas y preceptos que yo te mando hoy. Y cuando hayas comido y te hayas saciado, cuando hayas edificado casas cómodas y las habites, cuando se hayan multiplicado tus ganados y tus rebaños, y hayan aumentado tu plata y tu oro y sean abundantes tus riquezas, no te vuelvas orgulloso ni olvides al SEÑOR tu Dios, quien te sacó de Egipto, la tierra donde viviste como esclavo.

1 TIMOTEO 6.6–8

Es cierto que con la verdadera religión se obtienen grandes ganancias, pero sólo si uno está satisfecho con lo que tiene. Porque nada trajimos a este mundo, y nada podemos llevarnos, Así que, si tenemos ropa y comida, contentémonos con eso.

MATEO 6.31–33

«Así que no se preocupen diciendo: "¿Qué comeremos?" o "¿Qué beberemos?" o "¿Con qué nos vestiremos?" Porque los paganos andan tras todas estas cosas, y el Padre celestial sabe que ustedes las necesitan. Más bien, busquen primeramente el reino de Dios y su justicia, y todas estas cosas les serán añadidas.

RESPONSABILIDADES
COMO CIUDADANA

1 PEDRO 2.13–15

Sométanse por causa del Señor a toda autoridad humana, ya sea al rey como suprema autoridad, o a los gobernadores que él envía para castigar a los que hacen el mal y reconocer a los que hacen el bien. Porque ésta es la voluntad de Dios: que, practicando el bien, hagan callar la ignorancia de los insensatos.

Romanos 13.1

Todos deben someterse a las autoridades públicas, pues no hay autoridad que Dios no haya dispuesto, así que las que existen fueron establecidas por él.

Romanos 13.3–5

¿Quieres librarte del miedo a la autoridad? Haz lo bueno, y tendrás su aprobación, pues está al servicio de Dios para tu bien. Pero si haces lo malo, entonces debes tener miedo. No en vano lleva la espada, pues está al servicio de Dios para impartir justicia y castigar al malhechor. Así que es necesario someterse a las autoridades, no sólo para evitar el castigo sino también por razones de conciencia.

Tito 3.1

Recuérdales a todos que deben mostrarse obedientes y sumisos ante los gobernantes y las autoridades. Siempre deben estar dispuestos a hacer lo bueno.

1 Timoteo 2.1–2

Así que recomiendo, ante todo, que se hagan plegarias, oraciones, súplicas y acciones de gracias por todos, especialmente por los gobernantes y por todas las autoridades, para que tengamos paz y tranquilidad, y llevemos una vida piadosa y digna.

RESPONSABILIDADES
HACIA LOS POBRES

PROVERBIOS 21.13

Quien cierra sus oídos al clamor del pobre, llorará también sin que nadie le responda.

ISAÍAS 10.1–2

¡Ay de los que emiten decretos inicuos y publican edictos opresivos! Privan de sus derechos a los pobres, y no les hacen justicia a los oprimidos de mi pueblo; hacen de las viudas su presa y saquean a los huérfanos.

ISAÍAS 58.6–7

El ayuno que he escogido, ¿no es más bien romper las cadenas de injusticia y desatar las correas del yugo, poner en libertad a los oprimidos y romper toda atadura? ¿No es acaso el ayuno compartir tu pan con el hambriento y dar refugio a los pobres sin techo, vestir al desnudo y no dejar de lado a tus semejantes?

DEUTERONOMIO 15.11

Gente pobre en esta tierra, siempre la habrá; por eso te ordeno que seas generoso con tus hermanos hebreos y con los pobres y necesitados de tu tierra.

GÁLATAS 2.10

Sólo nos pidieron que nos acordáramos de los

pobres, y eso es precisamente lo que he venido haciendo con esmero.

SALMOS 82.2–4

«¿Hasta cuándo defenderán la injusticia y favorecerán a los impíos? Defiendan la causa del huérfano y del desvalido; al pobre y al oprimido háganles justicia. Salven al menesteroso y al necesitado; líbrenlos de la mano de los impíos».

PROVERBIOS 22.9

El que es generoso será bendecido, pues comparte su comida con los pobres.

RESPONSABILIDADES CON LOS DEMÁS

DEUTERONOMIO 1.17

«No sean parciales en el juicio; consideren de igual manera la causa de los débiles y la de los poderosos. No se dejen intimidar por nadie, porque el juicio es de Dios».

FILEMÓN 6

Pido a Dios que el compañerismo que brota de tu fe sea eficaz para la causa de Cristo mediante el reconocimiento de todo lo bueno que compartimos.

MIQUEAS 6.8

¡Ya se te ha declarado lo que es bueno! Ya se te ha

dicho lo que de ti espera el Señor: Practicar la justicia, amar la misericordia, y humillarte ante tu Dios.

Hebreos 13.3

Acuérdense de los presos, como si ustedes fueran sus compañeros de cárcel, y también de los que son maltratados, como si fueran ustedes mismos los que sufren.

Levítico 19.18

«No seas vengativo con tu prójimo, ni le guardes rencor. Ama a tu prójimo como a ti mismo. Yo soy el Señor».

Hebreos 13.2

No se olviden de practicar la hospitalidad, pues gracias a ella algunos, sin saberlo, hospedaron ángeles.

Romanos 12.21

No te dejes vencer por el mal; al contrario, vence el mal con el bien.

Levítico 19.16

«No andes difundiendo calumnias entre tu pueblo, ni expongas la vida de tu prójimo con falsos testimonios».

Lucas 6.27–28

«Pero a ustedes que me escuchan les digo: Amen

a sus enemigos, hagan bien a quienes los odian, bendigan a quienes los maldicen, oren por quienes los maltratan».

HABLÁNDOLE A UNA PERSONA SOBRE JESÚS

2 Timoteo 1.8

Así que no te avergüences de dar testimonio de nuestro Señor, ni tampoco de mí, que por su causa soy prisionero. Al contrario, tú también, con el poder de Dios, debes soportar sufrimientos por el evangelio.

Isaías 59.1–2

La mano del Señor no es corta para salvar, ni es sordo su oído para oír. Son las iniquidades de ustedes las que los separan de su Dios. Son estos pecados los que lo llevan a ocultar su rostro para no escuchar.

Juan 3.16

Porque tanto amó Dios al mundo, que dio a su Hijo unigénito, para que todo el que cree en él no se pierda, sino que tenga vida eterna.

Juan 11.25–26

Entonces Jesús le dijo:
—Yo soy la resurrección y la vida. El que cree en mí vivirá, aunque muera; y todo el que vive y cree en mí no morirá jamás. ¿Crees esto?

EFESIOS 2.8–9

Porque por gracia ustedes han sido salvados mediante la fe; esto no procede de ustedes, sino que es el regalo de Dios, no por obras, para que nadie se jacte.

1 PEDRO 3.15–16

Más bien, honren en su corazón a Cristo como Señor. Estén siempre preparados para responder a todo el que les pida razón de la esperanza que hay en ustedes. Pero háganlo con gentileza y respeto, manteniendo la conciencia limpia, para que los que hablan mal de la buena conducta de ustedes en Cristo, se avergüencen de sus calumnias.

HECHOS 8.4

Los que se habían dispersado predicaban la palabra por dondequiera que iban.

__MI ACTITUD HACIA EL DINERO__

PROVERBIOS 16.8

Más vale tener poco con justicia que ganar mucho con injusticia.

1 TIMOTEO 6.9–10

Los que quieren enriquecerse caen en la tentación y se vuelven esclavos de sus muchos deseos. Estos afanes insensatos y dañinos hunden a la gente en la ruina y en la destrucción. Porque el amor al dinero es la raíz de toda clase de males. Por codiciarlo, algunos se han desviado de la fe y se han causado muchísimos sinsabores.

MATEO 6.24

«Nadie puede servir a dos señores, pues menospreciará a uno y amará al otro, o querrá mucho a uno y despreciará al otro. No se puede servir a la vez a Dios y a las riquezas».

PROVERBIOS 3.9–10

Honra al SEÑOR con tus riquezas y con los primeros frutos de tus cosechas. Así tus graneros se llenarán a reventar y tus bodegas rebosarán de vino nuevo.

DEUTERONOMIO 8.18

Recuerda al SEÑOR tu Dios, porque es él quien te da el poder para producir esa riqueza; así ha confirmado hoy el pacto que bajo juramento hizo con tus antepasados.

1 TIMOTEO 6.17–18

A los ricos de este mundo, mándales que no sean arrogantes ni pongan su esperanza en las riquezas, que son tan inseguras, sino en Dios, que nos provee de todo en abundancia para que lo disfrutemos. Mándales que hagan el bien, que sean ricos en buenas obras, y generosos, dispuestos a compartir lo que tienen.

MI ACTITUD
HACIA EL TRABAJO

Tito 3.14

Que aprendan los nuestros a empeñarse en hacer buenas obras, a fin de que atiendan a lo que es realmente necesario y no lleven una vida inútil.

1 Tesalonicenses 4.10–12

Les animamos [...] a procurar vivir en paz con todos, a ocuparse de sus propias responsabilidades y a trabajar con sus propias manos. Así les he mandado, para que por su modo de vivir se ganen el respeto de los que no son creyentes, y no tengan que depender de nadie.

2 Tesalonicenses 3.6–10

Hermanos, en el nombre del Señor Jesucristo les ordenamos que se aparten de todo hermano que esté viviendo como un vago y no según las enseñanzas recibidas de nosotros. Ustedes mismos saben cómo deben seguir nuestro ejemplo. Nosotros no vivimos como ociosos entre ustedes, ni comimos el pan de nadie sin pagarlo. Al contrario, día y noche trabajamos arduamente y sin descanso para no ser una carga a ninguno de ustedes. Y lo hicimos así, no porque no tuviéramos derecho a tal ayuda, sino para darles buen ejemplo. Porque incluso cuando estábamos con ustedes, les ordenamos: «El que no quiera trabajar, que tampoco coma».

PROVERBIOS 28.19

El que trabaja la tierra tendrá abundante comida; el que sueña despierto sólo abundará en pobreza.

PROVERBIOS 14.23

Todo esfuerzo tiene su recompensa, pero quedarse sólo en palabras lleva a la pobreza.

TERCERA PARTE

MI VIDA INTERIOR COMO UNA MUJER CRISTIANA

La fortaleza para tener éxito en tus relaciones perso-nales más significativas proviene de la obra que Dios lleva a cabo en tu interior. ¡Cuán bueno resulta que su Palabra nos muestre cómo ser fortalecidos por medio del Espíritu en lo íntimo de nuestro ser (ver Efesios 3:16)! Por medio de Cristo y los recursos que ha pro-visto, puedes continuar creciendo hasta alcanzar tu meta y ser un ejemplo de mujer cristiana.

COMPRENSIÓN
____DE LAS ESCRITURAS____

1 JUAN 2.5

El amor de Dios se manifiesta plenamente en la vida del que obedece su palabra. De este modo sabemos que estamos unidos a él.

SALMOS 19.7–9

La ley del SEÑOR es perfecta: infunde nuevo aliento. El mandato del SEÑOR es digno de confianza: da sabiduría al sencillo. Los preceptos del SEÑOR son rectos: traen alegría al corazón. El mandamiento del SEÑOR es claro: da luz a los ojos. El temor del SEÑOR es puro: permanece para siempre. Las sentencias del SEÑOR son verdaderas: todas ellas son justas.

Jeremías 6.16

Así dice el SEÑOR: «Deténganse en los caminos y miren; pregunten por los senderos antiguos. Pregunten por el buen camino, y no se aparten de él. Así hallarán el descanso anhelado. Pero ellos dijeron: "No lo seguiremos"».

SANTIAGO 1.25

Pero quien se fija atentamente en la ley perfecta que da libertad, y persevera en ella, no olvidando lo que ha oído sino haciéndolo, recibirá bendición al practicarla.

MATEO 7.24–25

«Por tanto, todo el que me oye estas palabras y las pone en práctica es como un hombre prudente que construyó su casa sobre la roca. Cayeron las lluvias, crecieron los ríos, y soplaron los vientos y azotaron aquella casa; con todo, la casa no se derrumbó porque estaba cimentada sobre la roca».

LUCAS 6.46

«¿Por qué me llaman ustedes "Señor, Señor", y no hacen lo que les digo?».

JUAN 8.31–32

Jesús se dirigió entonces a los judíos que habían creído en él, y les dijo:
—Si se mantienen fieles a mis enseñanzas, serán realmente mis discípulos; y conocerán la verdad, y la verdad los hará libres.

DESARROLLO DE UNA VIDA
_____DE ORACIÓN_____

SALMOS 62.8

Confía siempre en él, pueblo mío; ábrele tu corazón cuando estés ante él. ¡Dios es nuestro refugio!

SALMOS 5.2–3

Escucha mis súplicas, rey mío y Dios mío, porque a ti elevo mi plegaria. Por la mañana, SEÑOR, escuchas mi clamor; por la mañana te presento mis ruegos, y quedo a la espera de tu respuesta.

COLOSENSES 3.17

Y todo lo que hagan, de palabra o de obra, háganlo en el nombre del Señor Jesús, dando gracias a Dios el Padre por medio de él.

SALMOS 107.1

Den gracias al SEÑOR, porque él es bueno; su gran amor perdura para siempre.

1 TESALONICENSES 5.16–18

Estén siempre alegres, oren sin cesar, den gracias a Dios en toda situación, porque esta es su voluntad para ustedes en Cristo Jesús.

LUCAS 11.9–10

«Así que yo les digo: Pidan, y se les dará; busquen, y encontrarán; llamen, y se les abrirá la puerta. Porque todo el que pide, recibe; el que busca, encuentra; y al que llama, se le abre».

SALMOS 18.6

En mi angustia invoqué al SEÑOR; clamé a mi Dios, y él me escuchó desde su templo; ¡mi clamor llegó a sus oídos!

ISAÍAS 65.24

En mi angustia invoqué al SEÑOR; clamé a mi

Dios, y él me escuchó desde su templo; ¡mi clamor llegó a sus oídos!

DESARROLLO DE UNA VIDA
_____ DE ADORACIÓN _____

SALMOS 63.4

Te bendeciré mientras viva, y alzando mis manos te invocaré.

SALMOS 70.4

Pero que todos los que te buscan se alegren en ti y se regocijen; que los que aman tu salvación digan siempre: «¡Sea Dios exaltado!».

ISAÍAS 25.1

SEÑOR, tú eres mi Dios; te exaltaré y alabaré tu nombre porque has hecho maravillas. Desde tiempos antiguos tus planes son fieles y seguros.

HEBREOS 13.15

Así que ofrezcamos continuamente a Dios, por medio de Jesucristo, un sacrificio de alabanza, es decir, el fruto de los labios que confiesan su nombre.

JEREMÍAS 10.6–7

¡No hay nadie como tú, SEÑOR! ¡Grande eres tú, y grande y poderoso es tu nombre! ¿Quién no te temerá, Rey de las naciones? ¡Es lo que te corresponde!

Entre todos los sabios de las naciones, y entre todos los reinos, no hay nadie como tú.

SALMOS 13.5–6

Pero yo confío en tu gran amor; mi corazón se alegra en tu salvación. Canto salmos al SEÑOR. ¡El SEÑOR ha sido bueno conmigo!

SALMOS 29.1–2

Tributen al SEÑOR, seres celestiales, tributen al SEÑOR la gloria y el poder. Tributen al SEÑOR la gloria que merece su nombre; póstrense ante el SEÑOR en su santuario majestuoso.

VENCIENDO
_____LAS TENTACIONES_____

1 CORINTIOS 10.13

Ustedes no han sufrido ninguna tentación que no sea común al género humano. Pero Dios es fiel, y no permitirá que ustedes sean tentados más allá de lo que puedan aguantar. Más bien, cuando llegue la tentación, él les dará también una salida a fin de que puedan resistir.

SANTIAGO 1.5

Si a alguno de ustedes le falta sabiduría, pídasela a Dios, y él se la dará, pues Dios da a todos generosamente sin menospreciar a nadie.

Santiago 1.13–14

Que nadie, al ser tentado, diga: «Es Dios quien me tienta.» Porque Dios no puede ser tentado por el mal, ni tampoco tienta él a nadie. Todo lo contrario, cada uno es tentado cuando sus propios malos deseos lo arrastran y seducen.

2 Timoteo 2.22

Huye de las malas pasiones de la juventud, y esmérate en seguir la justicia, la fe, el amor y la paz, junto con los que invocan al Señor con un corazón limpio.

Isaías 7.7, 9

Pero dile además que yo, el Señor omnipotente, digo: "Eso no se cumplirá ni sucederá [...] si ustedes no creen en mí, no permanecerán firmes"».

Santiago 1.2–4

Considérense muy dichosos cuando tengan que enfrentarse con diversas pruebas, pues ya saben que la prueba de su fe produce constancia. Y la constancia debe llevar a feliz término la obra, para que sean perfectos e íntegros, sin que les falte nada.

_____LA VIDA COMO SOLTERA_____

1 Corintios 7.8–9

A los solteros y a las viudas les digo que sería mejor que se quedaran como yo. Pero si no pueden dominarse, que se casen, porque es preferible casarse que quemarse de pasión.

1 Corintios 7.34

La mujer no casada, lo mismo que la joven soltera, se preocupa de las cosas del Señor; se afana por consagrarse al Señor tanto en cuerpo como en espíritu. Pero la casada se preocupa de las cosas de este mundo y de cómo agradar a su esposo.

1 Corintios 7.38

De modo que el que se casa con su prometida hace bien, pero el que no se casa hace mejor.

Romanos 8.28

Ahora bien, sabemos que Dios dispone todas las cosas para el bien de quienes lo aman, los que han sido llamados de acuerdo con su propósito.

Hebreos 10.24–25

Preocupémonos los unos por los otros, a fin de estimularnos al amor y a las buenas obras. No dejemos de congregarnos, como acostumbran hacerlo algunos, sino animémonos unos a otros, y con mayor razón ahora que vemos que aquel día se acerca.

Romanos 12.13

Ayuden a los hermanos necesitados. Practiquen la hospitalidad.

ROMANOS 12.5

También nosotros, siendo muchos, formamos un solo cuerpo en Cristo, y cada miembro está unido a todos los demás.

CÓMO LIDIAR
_____CON EL ORGULLO_____

Jeremías 9.23–24

Así dice el SEÑOR: «Que no se gloríe el sabio de su sabiduría, ni el poderoso de su poder, ni el rico de su riqueza. Si alguien ha de gloriarse, que se gloríe de conocerme y de comprender que yo soy el SEÑOR, que actúo en la tierra con amor, con derecho y justicia, pues es lo que a mí me agrada».

SALMOS 19.12

¿Quién está consciente de sus propios errores? ¡Perdóname aquellos de los que no estoy consciente!

Jeremías 17.5, 7

Así dice el SEÑOR: «¡Maldito el hombre que confía en el hombre! ¡Maldito el que se apoya en su propia fuerza y aparta su corazón del SEÑOR! [...] Bendito el hombre que confía en el SEÑOR, y pone su confianza en él».

1 CORINTIOS 4.7

¿Quién te distingue de los demás? ¿Qué tienes

que no hayas recibido? Y si lo recibiste, ¿por qué presumes como si no te lo hubieran dado?

1 SAMUEL 2.3

«Dejen de hablar con tanto orgullo y altivez; ¡no profieran palabras soberbias! El SEÑOR es un Dios que todo lo sabe, y él es quien juzga las acciones».

ISAÍAS 2.17

La altivez del hombre será abatida, y la arrogancia humana será humillada. En aquel día sólo el SEÑOR será exaltado,

2 CORINTIOS 10.18

Porque no es aprobado el que se recomienda a sí mismo sino aquel a quien recomienda el Señor.

CÓMO LIDIAR CON LA FALTA DE _____CONFIANZA EN TI MISMA_____

SALMOS 147.10–11

El SEÑOR no se deleita en los bríos del caballo, ni se complace en la agilidad del hombre, sino que se complace en los que le temen, en los que confían en su gran amor.

ISAÍAS 33.6

Él será la seguridad de tus tiempos, te dará en abundancia salvación, sabiduría y conocimiento; el temor del SEÑOR será tu tesoro.

2 CORINTIOS 12.9

Pero él me dijo: «Te basta con mi gracia, pues mi poder se perfecciona en la debilidad.» Por lo tanto, gustosamente haré más bien alarde de mis debilidades, para que permanezca sobre mí el poder de Cristo.

ISAÍAS 58.11

El SEÑOR te guiará siempre; te saciará en tierras resecas, y fortalecerá tus huesos. Serás como jardín bien regado, como manantial cuyas aguas no se agotan.

SALMOS 27.13–14

De una cosa estoy seguro: he de ver la bondad del SEÑOR en esta tierra de los vivientes. Pon tu esperanza en el SEÑOR; ten valor, cobra ánimo; ¡pon tu esperanza en el SEÑOR!

LUCAS 12.24

Fíjense en los cuervos: no siembran ni cosechan, ni tienen almacén ni granero; sin embargo, Dios los alimenta. ¡Cuánto más valen ustedes que las aves!

2 TESALONICENSES 2.16–17

Que nuestro Señor Jesucristo mismo y Dios nuestro Padre, que nos amó y por su gracia nos dio consuelo eterno y una buena esperanza, los anime y les fortalezca el corazón, para que tanto en palabra como en obra hagan todo lo que sea bueno.

CÓMO LIDIAR
_____CON LA SOLEDAD_____

1 Pedro 4.9
Practiquen la hospitalidad entre ustedes sin quejarse.

Romanos 12.15
Alégrense con los que están alegres; lloren con los que lloran.

Gálatas 5.13
Les hablo así, hermanos, porque ustedes han sido llamados a ser libres; pero no se valgan de esa libertad para dar rienda suelta a sus pasiones. Más bien sírvanse unos a otros con amor.

Salmos 68.6
Dios da un hogar a los desamparados y libertad a los cautivos; los rebeldes habitarán en el desierto.

Lucas 14.12–14
También dijo Jesús al que lo había invitado:
—Cuando des una comida o una cena, no invites a tus amigos, ni a tus hermanos, ni a tus parientes, ni a tus vecinos ricos; no sea que ellos, a su vez, te inviten y así seas recompensado. Más bien, cuando des un banquete, invita a los pobres, a los inválidos, a los cojos y a los ciegos. Entonces serás dichoso, pues aunque ellos no tienen con

qué recompensarte, serás recompensado en la resurrección de los justos.

PROVERBIOS 24.1
No envidies a los malvados, ni procures su compañía.

HEBREOS 10.24–25
Preocupémonos los unos por los otros, a fin de estimularnos al amor y a las buenas obras. No dejemos de congregarnos, como acostumbran hacerlo algunos, sino animémonos unos a otros, y con mayor razón ahora que vemos que aquel día se acerca.

ROMANOS 14.1
Reciban al que es débil en la fe, pero no para entrar en discusiones.

CÓMO LIDIAR
CON EL DESÁNIMO

SALMOS 42.11
¿Por qué voy a inquietarme? ¿Por qué me voy a angustiar? En Dios pondré mi esperanza, y todavía lo alabaré. ¡Él es mi Salvador y mi Dios!

SALMOS 31.7
Me alegro y me regocijo en tu amor, porque tú has visto mi aflicción y conoces las angustias de mi alma.

EFESIOS 1.18–19

Pido también que les sean iluminados los ojos del corazón para que sepan a qué esperanza él los ha llamado, cuál es la riqueza de su gloriosa herencia entre los santos, y cuán incomparable es la grandeza de su poder a favor de los que creemos. Ese poder es la fuerza grandiosa y eficaz.

2 PEDRO 1.5–8

Precisamente por eso, esfuércense por añadir a su fe, virtud; a su virtud, entendimiento; al entendimiento, dominio propio; al dominio propio, constancia; a la constancia, devoción a Dios; a la devoción a Dios, afecto fraternal; y al afecto fraternal, amor. Porque estas cualidades, si abundan en ustedes, les harán crecer en el conocimiento de nuestro Señor Jesucristo, y evitarán que sean inútiles e improductivos.

ISAÍAS 40.30–31

Aun los jóvenes se cansan, se fatigan, y los muchachos tropiezan y caen; pero los que confían en el SEÑOR renovarán sus fuerzas; volarán como las águilas: correrán y no se fatigarán, caminarán y no se cansarán.

UN RETO A MI FORMA DE PENSAR

FILIPENSES 4.8

Por último, hermanos, consideren bien todo lo

verdadero, todo lo respetable, todo lo justo, todo lo puro, todo lo amable, todo lo digno de admiración, en fin, todo lo que sea excelente o merezca elogio.

Isaías 26.3

Al de carácter firme lo guardarás en perfecta paz, porque en ti confía.

Isaías 55.7

Que abandone el malvado su camino, y el perverso sus pensamientos. Que se vuelva al Señor, a nuestro Dios, que es generoso para perdonar, y de él recibirá misericordia.

Tito 1.15

Para los puros todo es puro, pero para los corruptos e incrédulos no hay nada puro. Al contrario, tienen corrompidas la mente y la conciencia.

Salmos 119.37

Aparta mi vista de cosas vanas, dame vida conforme a tu palabra.

Hebreos 4.12–13

Ciertamente, la palabra de Dios es viva y poderosa, y más cortante que cualquier espada de dos filos. Penetra hasta lo más profundo del alma y del espíritu, hasta la médula de los huesos, y juzga los pensamientos y las intenciones del corazón. Ninguna cosa creada escapa a la vista de Dios. Todo está al descubierto, expuesto a los ojos de aquel a quien hemos de rendir cuentas.

ROMANOS 12.2

No se amolden al mundo actual, sino sean transformados mediante la renovación de su mente. Así podrán comprobar cuál es la voluntad de Dios, buena, agradable y perfecta.

CÓMO LIDIAR CON
_____LA PREOCUPACIÓN_____

ISAÍAS 54.10

Aunque cambien de lugar las montañas y se tambaleen las colinas, no cambiará mi fiel amor por ti ni vacilará mi pacto de paz, —dice el SEÑOR, que de ti se compadece—.

FILIPENSES 4.19

Así que mi Dios les proveerá de todo lo que necesiten, conforme a las gloriosas riquezas que tiene en Cristo Jesús.

LUCAS 12.25–26

«¿Quién de ustedes, por mucho que se preocupe, puede añadir una sola hora al curso de su vida? Ya que no pueden hacer algo tan insignificante, ¿por qué se preocupan por lo demás?».

SALMOS 56.3–4

Cuando siento miedo, pongo en ti mi confianza. Confío en Dios y alabo su palabra; confío en Dios y no siento miedo. ¿Qué puede hacerme un simple mortal?

SALMOS 9.9

El SEÑOR es refugio de los oprimidos; es su baluarte en momentos de angustia.

SALMOS 23.4

Aun si voy por valles tenebrosos, no temo peligro alguno porque tú estás a mi lado; tu vara de pastor me reconforta.

ISAÍAS 41.10

Así que no temas, porque yo estoy contigo; no te angusties, porque yo soy tu Dios. Te fortaleceré y te ayudaré; te sostendré con mi diestra victoriosa.

LUCAS 21.14–15

«Pero tengan en cuenta que no hay por qué preparar una defensa de antemano, pues yo mismo les daré tal elocuencia y sabiduría para responder, que ningún adversario podrá resistirles ni contradecirles».

TUS VERSÍCULOS FAVORITOS

_____

_____

_____

_____

_____

_____

_____

_____

_____

_____

_____

_____

_____

_____